EXCURSION A VERSAILLES

AVEC NOTICE ET NOTES

PAR

E. MAREUSE

REVUE DE L'HISTOIRE DE VERSAILLES ET DE SEINE-ET-OISE

VERSAILLES

PARIS

LIBRAIRIE LÉON BERNARD
17, rue Hoche, 17

LIBRAIRIE ALPHONSE PICARD
82, rue Bonaparte, 82

1904

EXCURSION D'UN ANGLAIS A VERSAILLES

J.-G. LEMAISTRE

EXCURSION A VERSAILLES

AVEC NOTICE ET NOTES

PAR

E. MAREUSE

REVUE DE L'HISTOIRE DE VERSAILLES ET DE SEINE-ET-OISE

VERSAILLES   PARIS

LIBRAIRIE LÉON BERNARD   LIBRAIRIE ALPHONSE PICARD
17, rue Hoche, 17.   82, rue Bonaparte, 82.

1901

EXCURSION D'UN ANGLAIS A VERSAILLES

EN AVRIL 1802

M. Albert Babeau, dans son remarquable travail sur *les
Anglais en France après la paix d'Amiens* (1), signale un voyage
à Paris publié en 1802 par J.-G. Lemaistre. Cet ouvrage, qui n'a
pas été traduit, ne se trouve pas à la Bibliothèque Nationale, et
c'est l'année dernière seulement que j'ai pu en faire l'acquisition
chez un libraire d'Edimbourg et en prendre connaissance. J'ai
cru intéressant d'en détacher pour notre Revue les pages qui
concernent Versailles.

La vie de J.-G. Lemaistre n'est pas connue, bien que l'on se
soit occupé récemment de lui de l'autre côté de la Manche, où
plusieurs questions relatives à ses ouvrages ont été posées dans
l'Intermédiaire anglais : *Notes and Queries* (4th séries, t. XI,
p. 394; 7th séries, t. IX, p. 26 et 116). Dans ce recueil, M. Alex.
Fergusson nous apprend, par une lettre du chancelier Erskine,
datée du 13 novembre 1843, que ce dernier ʼv ait pour ami un
M. Lemaistre, fils d'un ancien juge de l'Inde, habitant Edimbourg. « C'était, dit-il, un homme de lettres charmant, d'un bon
naturel, et sa femme était très agréable. » Je laisse à M. Alex.
Fergusson la responsabilité de l'identification des deux person-
nages, et je donnerai les titres exacts des deux livres de J.-G.
Lemaistre que l'on connaît.

Le premier, celui qui nous occupe ici, est intitulé : *A Rough
Skecth of Modern Paris, or letters on Society. Manners, Public
curiosities and amusements in that capital, written during the
last two months of 1801 and the first five of 1802. Printed for J.
Johnson, in Sᵗ Paul's Churchyard 1802.*

Cette édition est anonyme, mais Lemaistre en a publié une

(1) Paris, E. Plon, Nourrit et Cⁱᵉ, 1898, in-18.

nouvelle signée de son nom, en 1803. Bien que l'auteur prétende que la première ait été rapidement épuisée, M. le colonel Prideaux (*Notes and Queries*, 7ᵗʰ séries, t. IX, p. 26) fait justement remarquer qu'il n'y a de changé dans le texte que le titre et la préface, et qu'on s'est borné à ajouter une page d'*errata*. Cette petite supercherie littéraire était destinée à écouler le reste de la publication.

Dans sa préface, Lemaistre, l'un des premiers Anglais entrés en France après la paix d'Amiens, déclare qu'il y était venu pour ses affaires, et que ses lettres, écrites à un ami, n'étaient nullement destinées à la publicité. Ce n'est que plus tard qu'il a eu l'idée de les faire imprimer, en y retranchant les menus faits personnels. Il ne prétend pas donner une étude complète de la société et des mœurs françaises, mais un croquis d'ensemble dessiné par la main d'un artiste inexpérimenté et sans guide. Il a cherché à se garantir de toute prévention. Cependant il fait remarquer au lecteur que, si l'on trouve dans son récit des traces de partialité à l'égard de son pays, les remarques qu'il présente sont celles d'un homme habitué à la société et aux mœurs anglaises.

Le deuxième, qui se trouve à la Bibliothèque Nationale (G. 11,190), est intitulé : *Travels after the peace of Amiens trough parts of France, Switzerland, Italy and Germany*, 1806, 3 vol. in-8°. Quelques pages seulement de cet ouvrage sont relatives à la France.

E. Mareuse.

Paris, 13 avril 1802 (24 germinal).
[Lisez : 23 germinal an X.]

Mon cher Monsieur,

Je suis allé hier, avec quelques Anglais de mes amis, à Versailles, et j'en arrive à l'instant. Je prends la plume pour vous donner des détails sur notre excursion.

Nous nous sommes arrêtés à Saint-Cloud, situé à peu près à moitié de la route, pour voir le palais favori de l'infortuné Louis XVI, qui sera longtemps célèbre en raison de la fameuse séance tenue par le Conseil des Cinq-Cents dans l'Orangerie, et qui s'est terminée par l'établissement du pouvoir consulaire.

Saint-Cloud se trouve en pleine réparation, et les travaux

étaient commencés avant même que Bonaparte ne l'habitât (1). Il est difficile en conséquence de pouvoir se rendre compte de l'état dans lequel il se trouvait autrefois ni de ce qu'il pourra devenir plus tard. Je ne crois pas qu'il ait jamais été bien considérable. La galerie qui existe encore est une belle pièce, et de la croisée qui se trouve à l'extrémité, la vue est très étendue. Les murs sont revêtus d'excellentes peintures de Le Brun, à ce que je crois (2). La chapelle est en plein désordre, et je n'ai pas regardé les peintures qu'elle renferme (3). Les jardins n'ont pas été entretenus; ils n'ont pu, en tous cas, être très vastes ni très beaux. Des allées droites et des arbres alignés régulièrement en font tout le charme. Quant aux fameux jets d'eau ou cascades, ils sont en excellent état de conservation, et les Parisiens y viennent un certain jour de l'année (4) et en grand nombre, pour jouir de cette vue magnifique. Je n'ai vu toutefois que des serpents, des Neptunes, des grenouilles, des cygnes et des griffons en pierre, qui vomissent des torrents d'eau. Dans cet état, du moins, un jet d'eau n'est qu'un ornement disgracieux dans un jardin qui ne devrait réunir que les beautés de la nature et écarter toutes les autres.

Après Saint-Cloud, la première chose qui ait attiré notre attention est la fameuse manufacture de Sèvres. On continue toujours, sous la protection directe du Gouvernement, à y fabriquer la belle porcelaine qui porte le nom de cette ville. Nous avons visité le magasin et les différentes pièces qui le constituent. Partout se trouvaient des tables remplies de spécimens de porcelaines, mais je ne peux pas dire qu'ils aient répondu à mon

(1) Les travaux commencés pendant l'hiver de 1801 et continués en 1802, avec la plus grande promptitude, coûtèrent 3,141,000 francs. (*Le Château de Saint-Cloud, domaine de la Couronne*, Paris, imp. de E. Duverger, 1839, in-4º, p. 14.)

(2) C'est la galerie d'Apollon, décorée par Mignard et non par Le Brun. (Voir : Marius Vachon. *Le Château de Saint-Cloud. Son incendie en* 1870. *Inventaire des œuvres d'art détruites ou sauvées.* Paris, A. Quantin, 1880, in-8º, p. 32-36.) Les ducs d'Orléans y donnèrent des fêtes brillantes; puis, pendant le Directoire, elle servit aux séances du Conseil des Anciens.

(3) Il s'agit de la nouvelle chapelle construite sous Marie-Antoinette: les peintures dont il est question ne sont donc pas celles de Mignard, qui se trouvaient dans l'ancienne chapelle démolie pour l'établissement du grand escalier d'honneur.

(4) « Les jardins et cascades sont parfaitement entretenus et les eaux jouent pendant les jours consacrés aux fêtes publiques. » (*Manuel du Voyageur aux Environs de Paris*, par P. Villiers. Paris, Favre, an X (1802), in-18, t. Iᵉʳ, p. 269.)

attente. Ils n'étaient ni aussi variés ni aussi beaux qu'on aurait pu le supposer, dans le dépôt principal d'une manufacture aussi célèbre. Il est probable que l'état de la France pendant la Révolution n'a pas permis aux directeurs de trouver un nombre suffisant d'acheteurs, pour conserver une quantité considérable d'objets de valeur. Il y avait plusieurs bustes de Bonaparte de dimensions différentes, et tous d'une ressemblance frappante. Il y avait aussi de grands et de petits bustes de Voltaire, de Franklin et de Rousseau.

Nous sommes allés de là à Versailles ; nous nous sommes fait conduire à l'hôtel Rambrand (*sic*), qui passe pour le premier de la ville ; mais ayant trouvé à notre arrivée les meilleures chambres occupées, nous avons changé nos projets, et nous sommes allés nous loger dans le parc, au Petit-Trianon, le séjour favori de Marie-Antoinette, devenu, au milieu des transformations que les choses aussi bien que les hommes ont eu à subir en France, une vulgaire hôtellerie (1).

Après avoir commandé notre dîner et demandé qu'il fût servi dans une petite pièce qui avait été le boudoir de la malheureuse Reine (2), nous avons commencé à visiter les curiosités de Versailles. Le parc a perdu des arbres, et on a négligé de l'entretenir. A part cela, il a été peu abîmé. L'orangerie (3) subsiste toujours dans toute sa beauté. Nous nous sommes promenés à

---

(1) « Depuis trois ans, ce local a été loué, par ordre du Gouvernement, à divers particuliers. Astreints par les conditions du bail à en maintenir tous les agréments, ils en ont fait un séjour délicieux de plaisirs et de fêtes. Les habitants de la ville et des environs, moyennant un abonnement modique, s'y sont conservé l'avantage et la récréation de la promenade. Les étrangers y sont attirés par la diversité des fêtes qui s'y donnent. L'intelligence des locataires et le talent des artistes qu'ils emploient multiplient cette variété qui plaît et attire. On y trouve des rafraîchissements à volonté... (*Manuel du Voyageur aux Environs de Paris*, par P. Villiers, t. II, p. 259-260.) Voir aussi : *les Anglais en France après la paix d'Amiens*, cités plus haut, p. 216. En 1805, l'hôtellerie fut fermée et l'Empereur donna des ordres pour la restauration du Palais.

(2) M. Gustave Desjardins a reproduit, dans son histoire du *Petit-Trianon* (Versailles, L. Bernard, 1885, in-8°), une charmante miniature de Van Blarenberghe représentant le *Boudoir* et le *Moulin*.

(3) Notre auteur cite ici un extrait des *Amours de Psyché et de Cupidon*, par La Fontaine, où il est dit à propos des orangers de Versailles : « Il y a tel de ces arbres qui a résisté aux attaques de cent hivers. » De Vizé, dans le *Journal du Voyage de S. M. à Luxembourg* (2ᵉ partie du *Mercure galant* de juin 1687), parle, page 331, des orangers que le Roi avait fait venir de Fontainebleau, « du nombre desquels estoit l'oranger nommé le Bourbon, qu'on dit avoir environ cinq cens ans ».

travers de longues avenues d'orangers qui tous sont en excellent état et ont un feuillage magnifique (1). Le jardinier nous a
affirmé que plusieurs, parmi les plus beaux, avaient été plantés
sous le règne de François Ier (2).

Nous avons visité ensuite la bibliothèque particulière des
anciens rois de France, qui se trouve, en ville, dans un bâtiment
séparé (3). Il n'y a rien de très particulier à signaler dans cet
édifice, à part les dessus de portes, charmants tableaux représentant les différentes capitales d'Europe (4). On nous a montré une
très belle collection de tableaux représentant les brillantes fêtes
ainsi que les tournois donnés par l'illustre Louis XIV.

Notre guide voulait alors nous conduire à la manufacture
nationale d'armes à feu (5), qui est en pleine activité; mais
comme nous avions vu en Angleterre des établissements du
même genre plus importants, nous avons décliné sa proposition
et nous sommes allés directement au palais. Ce magnifique édifice n'a pas du tout souffert pendant la Révolution; néanmoins,
par suite du défaut d'entretien et n'étant plus habité, il conserve
un caractère de tristesse qui rappelle forcément les malheurs de
ses derniers propriétaires et la fragilité des grandeurs humaines.
Le superbe mobilier qui garnissait autrefois les appartements a
été enlevé, mais les murs ne sont pas nus, car on a installé dans
le palais, sans doute dans le but de le protéger contre les attaques
de la foule, un musée central (6), ou dépôt d'ouvrages d'art; on
y voit plusieurs tableaux de valeur et quelques statues de mérite.
Parmi les premiers, j'ai remarqué de bons Claude Lorrain et

(1) Il n'est pas inutile de remarquer que les adjectifs *beautiful, magnificent,
splendid,* se retrouvent à chaque instant dans le texte de Lemaistre.

(2) C'est ce que dit le *Dictionnaire historique de la ville de Paris et de ses environs,* de Hurtaut et Magny (Paris, 1779. t. IV, p. 800).

(3) Construit pour servir d'hôtel au Dépôt des Affaires étrangères, c'est actuellement la Bibliothèque de la Ville.

(4) Ces tableaux, exécutés en 1770 par Van Blarenberghe, représentent : Rome
(Saint-Pierre et le Vatican), Varsovie, Turin, Gênes, Berlin, Vienne, Naples, Madrid,
Saint-Pétersbourg (cette vue est moderne), Londres, Lisbonne, Constantinople et
Parme.

(5) Etablie en 1793 dans le *Grand Commun,* elle fut transférée rue de la Pompe,
dans l'ancien hôtel de Noailles, vers la fin du premier Empire.

(6) Voir : *Notice des tableaux, statues, vases, bustes, etc., composant le Musée spé-
cial de l'Ecole française, dont l'ouverture a lieu les quintidi et décadi. Il sera ouvert
tous les jours, pour les étrangers, sur la présentation de leurs passe-ports...* Versailles, imp. de Leblanc, an X, in-12, 4 f. — 123 p.

deux très beaux portraits de Vincent. Le premier représente le roi
Henri IV, et l'autre l'illustre président Molé (1). Ce dernier est
représenté en robe, exposant héroïquement sa poitrine aux fu-
reurs de la populace, et faisant son devoir, sans se laisser troubler
par les poignards dirigés contre lui. Il semble qu'on l'entend
crier, comme l'histoire rapporte qu'il l'a fait : « La distance est
grande de la main d'un assassin au cœur d'un honnête
homme (2). »

Nous avons parcouru une longue suite de pièces qui étaient
autrefois le siège de la gaieté, de la splendeur, du luxe et de
la magnificence royale, et qui sont devenues maintenant le
séjour de la solitude et le témoignage de la grandeur déchue.

Il est inutile d'énumérer les nombreuses réflexions que suggère
ce lieu. Nous n'avons pas manqué de visiter l'appartement qu'ha-
bitait, le 6 octobre, le malheureux Louis XVI, et dans lequel s'est
réfugiée Marie-Antoinette. On nous a montré aussi le balcon et
la fenêtre (3), actuellement condamnée, où s'est présentée, avec un
courage véritablement héroïque, la vertueuse et infortunée Madame Elisabeth, lorsqu'on demandait la Reine, et que, prise pour
celle-ci, elle s'est exposée volontairement à la violence brutale
de la foule.

Nous avons visité également l'Opéra, bâti pour le mariage de
Louis XVI, alors Dauphin, et qui servait sous son règne tantôt de
salle de spectacle, tantôt de salle de bal. Il se trouve en parfait
état, mais on a enlevé les décors et les accessoires.

En quittant le Palais, nous avons vu plusieurs jets d'eau,
mais nous n'avons pas pu nous promener comme nous l'aurions
voulu dans les jardins, du reste assez négligés, une violente
averse nous en ayant empêchés.

Nous avons dîné au Petit-Trianon et nous y avons couché. La
chambre qui m'est tombée en partage est celle qu'occupait autrefois le malheureux Louis XVI, et la clé de la porte était atta-

---

(1) Exposé au Salon de 1779 (n° 155), il se trouve aujourd'hui au Palais-Bour-
bon. (Voir J.-Romain Boulenger : *le Pavillon des Singes*. Extrait du *Moliériste*, Paris,
1879, in-8°, p. 13.)

(2) Ces paroles ont-elles été réellement prononcées? Voir à ce sujet : Ed. Four-
nier, *l'Esprit dans l'histoire*, Paris, Dentu, 1857, in-12, p. 162, et l'Introduction aux
Mémoires de Mathieu Molé, par le comte Molé, t. Ier, p. xL de l'édition de la
Société de l'Histoire de France (Paris, Renouard, 1855, in-8°).

(3) De la chambre du Roi.

chée à une étiquette sur laquelle on pouvait encore lire, quoique
à demi effacés, les mots : « Appartement du Roi » (1).

En demandant notre note, ce matin, nous avons remarqué que
cette petite hôtellerie (autrefois résidence royale) a deux propriétaires : l'un loue les chambres, et l'autre s'occupe du couvert
comme « traiteur ». Nous n'avions rien à dire pour ce que nous
demandait ce dernier, mais la note du premier était tellement
exorbitante que je l'ai conservée à titre de curiosité ; j'en donne
ici la copie :

Petit-Trianon. Logement (2).

	Francs.
Trois appartemens de maître.	36
Bougie.	6
Bois.	9
Quatre lits de domestique.	12
Total.	63

Pour nous faire accepter ces prix extravagants, la maîtresse
de la maison nous a envoyé sa fille, une charmante personne,
avec la note. Notre galanterie n'alla pas toutefois jusqu'à accepter
ses exigences et nous avons résolu de résister. Notre hôtesse
ayant refusé avec indignation la moitié, ce qui nous paraissait
amplement suffisant, M*** et moi nous partîmes pour Versailles
à la recherche d'un juge de paix. Après être allés chez deux ou
trois (3) de ces juges, où l'on nous a dit que ce n'était pas de la
compétence du magistrat qui siégeait, nous avons fini par
trouver dans un logement misérable celui de qui dépendait l'hôtellerie. Il n'avait pas une tenue et une apparence supérieures à
son logement, et à cette vue nous étions loin de nous attendre à
la décision qui devait être rendue.

Ayant pris connaissance de notre affaire, il lançait une assi-

----

(1) Le Roi n'ayant pas eu d'appartement au Petit-Trianon, il est vraisemblable
que l'étiquette de la clé était une supercherie servant à augmenter le prix de la
chambre. — Il est vrai que cette clé pouvait dater de Louis XV.

(2) En français dans le texte, avec la traduction anglaise.

(3) L'*Almanach de Versailles ou le Guide des étrangers.....* (Versailles, Blaizot,
s. d. [an X], petit in-12), indique trois juges de paix, un pour l'arrondissement du
Sud et deux pour celui du Nord.
Il n'a pas été possible de trouver trace de ce jugement dans les archives des
greffes des différentes justices de paix, qui, malheureusement, n'ont pas tous les
papiers de cette époque.

gnation, requérant la présence du propriétaire de l'hôtel, et naturellement suspendait sa décision jusqu'à l'arrivée de l'autre partie. Pendant que la citation lui était portée, nous assistions à un curieux procès, dont la cause était une faible quantité, peut-être un pot de vinaigre. La défenderesse était une femme grossière et de tournure masculine, ayant au moins soixante ans, qui, après avoir épuisé tout son fonds d'éloquence, se mit à fondre en larmes, et se plaignit de l'état malheureux dans lequel se trouve une veuve infortunée sans protection d'aucune sorte. Le plaignant était un individu assez sale, marquant fort mal, et le témoin ne valait guère mieux. Ils parlaient tous ensemble, et le juge, loin de pouvoir les calmer, n'arrivait même pas à se faire entendre. Après une dispute d'une heure, après avoir prêté serment pour le même fait dans un sens et dans l'autre, ils sont partis sans que l'affaire fût complètement réglée.

Ce qui m'intéressait le plus était que ces gens, tout en se disputant, se retournaient, au milieu de leurs discours, du côté où nous étions, mon ami et moi, et semblaient inquiets, chacun à son tour, de savoir s'ils nous avaient convaincus de la justice de leur cause, comme si nous n'étions pas étrangers non seulement à l'affaire, mais encore aux lois d'après lesquelles devait être jugé ce cas si important.

Quand notre brave propriétaire arriva, on lui montra la note, et le juge ayant déclaré qu'il la trouvait exorbitante, elle se justifia par trois motifs :

1° Que le prix n'avait pas été fait d'avance, et qu'en conséquence, elle avait le droit de demander ce qui lui convenait ;

2° Qu'elle payait un fort loyer à la *nation* (1), et qu'en conséquence, la *nation* devait lui permettre de faire payer un fort loyer à ses hôtes ;

3° Que l'*ambassadeur de l'empereur russe* (2), ayant logé chez elle huit jours auparavant, et n'ayant fait aucune objection au prix de deux louis par lit, *les milords anglais* (3) devaient trouver sa demande fort raisonnable.

Malgré cette défense fort habile, le juge lui déclara que la loi ne lui permettait pas d'*écorcher les étrangers* (4), et décida que nous aurions 36 francs à payer au lieu de 63. Madame reçut

(1-4) Ces mots sont en français dans l'original.

avec indignation la somme qui lui était allouée, et se retira fu-
rieuse, déclarant qu'à l'avenir personne ne coucherait au Petit-
Trianon, sans s'être engagé à l'avance à payer ce que « *Son
Excellence l'ambassadeur de toutes les Russies* » (1) avait trouvé
si raisonnable.

Ainsi se termina notre affaire, dont j'ai donné le détail afin
que l'on sache ce qui attend les voyageurs dans les hôtelleries
de France s'ils ne font pas leurs prix d'avance, et pour prouver
aussi que la justice, même celle qui n'est pas vêtue d'hermine,
est bien administrée. En m'en allant, je n'ai pas été peu surpris
d'apprendre qu'il n'y avait rien à payer et que l'assignation
avait été remise gratuitement.

En Angleterre, où nous possédons un si bel ensemble de lois,
combien les avantages en sont-ils diminués par les frais que
coûtent chaque procès ! car, ainsi que le faisait remarquer un
homme politique célèbre, quoique le temple de la Justice soit
ouvert à tous, il est comme la taverne de Londres, et seuls les
favorisés de la fortune osent s'en approcher.

En retournant à notre hôtellerie, nous sommes passés par les
écuries du Roi, qui sont bien entretenues et remplies de chevaux. Elles servent maintenant aux officiers de l'armée, qui
viennent ici pour apprendre à monter à cheval et qui se servent
à cet effet de l'ancien manège royal. Les chevaux paraissent,
surtout pour un Anglais, très ordinaires. Nous avons vu également des chevaux arabes, arrivés récemment d'Egypte ; ils
sont maigres, fluets et semblent aussi très ordinaires; mais le
palefrenier nous répondit, sur la demande que nous lui fîmes
s'ils étaient rapides : « Oui, Monsieur, comme les oiseaux (2). »
Nous aurions eu tort de nous plaindre de leur extérieur, ayant
appris que ces animaux avaient le talent de voler. Si, conformé-
ment à la vieille expression des jockeys, un bon cheval ne peut
avoir une vilaine robe (3), certainement un cheval qui vole ne
peut être laid.

Avant de quitter Versailles, nous avons visité le jardin du
Petit-Trianon qui est loué par notre honnête maîtresse d'hôtel,
et qui peut être vu moyennant une faible redevance, en prenant
un billet d'entrée à la porte. Il est assez bien tenu et conserve

(1-2) En français dans l'original.
(3) « *No good horse can have a bad colour.* »

encore la preuve du bon goût avec lequel il a été originairement créé. C'est réellement, et non nominalement, un jardin anglais, et il serait considéré, même sur notre île si bien partagée, comme très gentiment dessiné, aussi bien que le permettait son peu d'étendue.

Le petit théâtre qu'avait fait construire la Reine, et qui se trouve dans l'intérieur des jardins, existe encore ; il n'a rien perdu, à l'exception des magnifiques glaces qui ornaient autrefois les loges. La dernière chose que nous vîmes à Versailles fut le Grand-Trianon, ce lieu favori de Louis XVI. Ce bâtiment élégant n'a pas non plus souffert, et les beaux piliers de marbre qui se trouvent à l'entrée ont fait notre admiration. La misère dans laquelle sont tombés les habitants de la ville par suite de la Révolution frappe les yeux. A chaque coin de rue, nous étions entourés de mendiants mourant de faim et demi-nus, dont les importunités ne laissaient pas que d'être désagréables.

En rentrant à Paris, nous avons pris la route de Saint-Germain. Le vieux château existe encore, mais l'extérieur a un si triste aspect, que nous n'avons en aucune façon désiré voir l'intérieur. Si le souverain français voulait être aimable pour le prétendant en lui offrant un palais ressemblant autant à Saint-James, son choix ne pouvait mieux tomber. La vue de la terrasse est belle, mais n'est ni aussi étendue ni aussi riche que je pouvais m'y attendre d'après sa renommée.

En continuant notre route, nous avons vu la célèbre machine hydraulique de Marly, qui a été conservée dans sa perfection primitive. Nous avons passé près du fameux aqueduc, et par la Malmaison, la résidence privée du Premier Consul. Il n'y a rien de particulier à remarquer dans cette dernière localité. C'est simplement une habitation de dimensions assez restreintes, située près de la rivière, mais si peu élevée qu'on ne peut y avoir une vue bien étendue. J'ai entendu dire que les jardins sont bien dessinés, et que le mobilier de la maison offre des marques de goût aussi bien que de luxe. Nous sommes arrivés à Paris vers six heures, et mon premier soin, après dîner, a été de vous rendre compte de mon excursion, car je sais que Versailles et ses environs sont parmi les choses qui intéressent tout particulièrement les Anglais.

VERSAILLES. — IMPRIMERIE AUBERT

6, avenue de Sceaux.

499

9 782019 983772